Der Krieg und sein Bruder

Text von Irmela Wendt

Bilder von Antoni Boratynski

Als der Krieg bereits
ein hohes Alter
erreicht hatte —

es gab ihn
schon immer,
sagten die Leute —

wurde den Mächtigen in der Welt
angst,
es könne eines Tages
aus sein mit ihm.

Sie kamen zusammen,
Freund wie Feind,
und berieten miteinander,
was zu tun sei.

So verschieden
ihre Meinungen auch waren,
in einem stimmten sie überein:

ohne Krieg ginge es nicht!

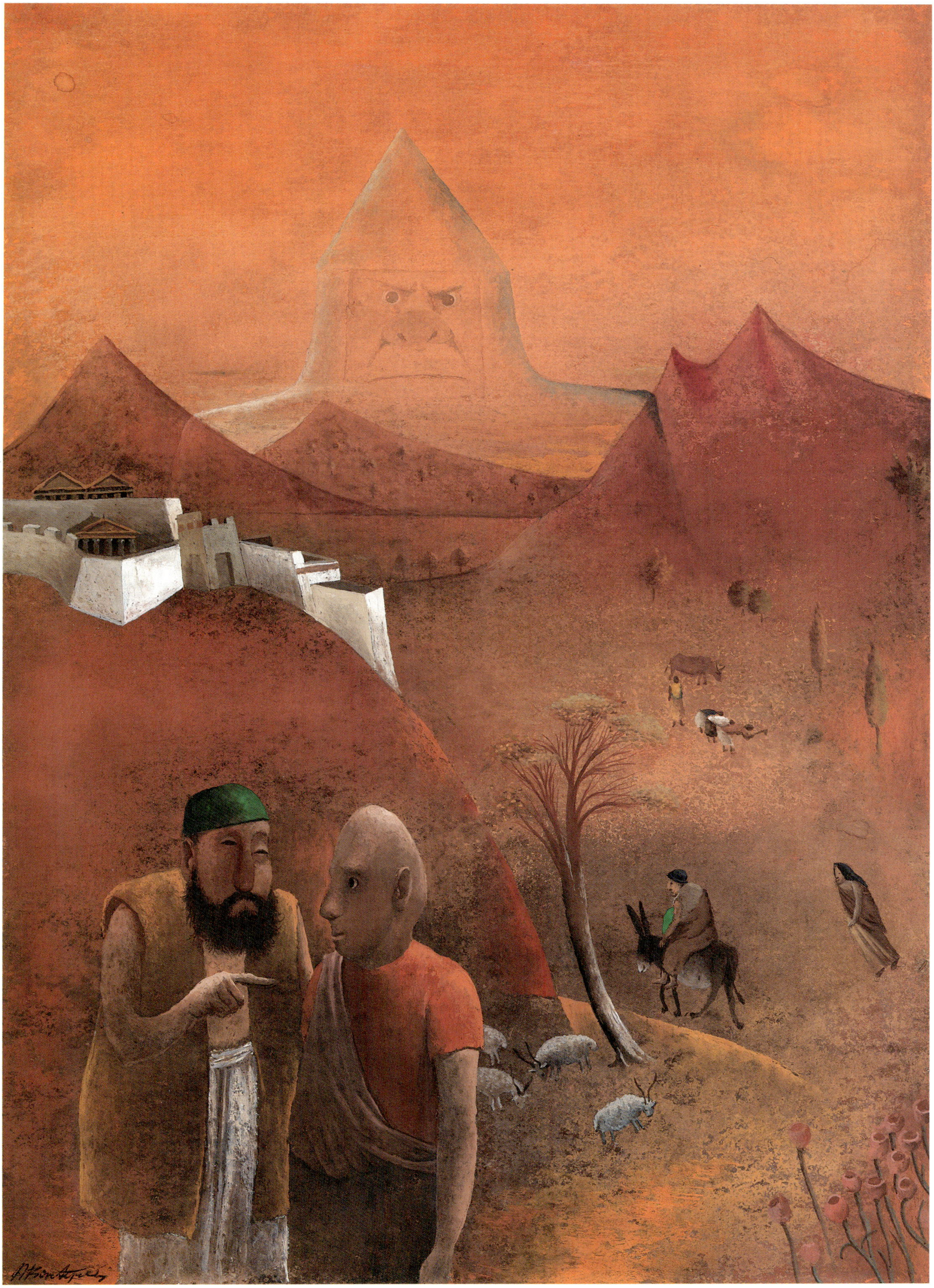

Nach wochenlangem Hin und Her
und unzähligen Reden
und Gegenreden
beschlossen sie,
alles zu tun,
um das Aussterben des Krieges
zu verhindern.

Von nun an
sollte niemand mehr,
wenn er vom Krieg sprach,
sein hohes Alter erwähnen dürfen.
Auch in allen Lehr- und Lernbüchern
war dies zu streichen
und durch das ehrenvolle Wort
von der ruhmreichen Tradition
zu ersetzen.

Mit modernsten Waffen
sollte er ausgerüstet werden.
Daran durfte nicht gespart werden,
nicht mit Geld
und nicht mit Anstrengung.

Den Worten folgten die Taten.

Zogen bisher Pferde
die Kanonen in die Schlacht,
wurden die Tiere jetzt durch Motoren ersetzt.

Trugen bisher Soldaten
einfache Gewehre,
rüstete man sie jetzt mit Maschinengewehren aus.

Wurde bisher der Krieg
zu Wasser und zu Lande geführt,
wütete er jetzt erst recht in der Luft.

Feuer fiel vom Himmel.
Bomben explodierten.
Kampfflugzeuge heulten im Sturzflug.
Tiefflieger brachten Schrecken und Tod.
Über Kontinente hinweg
rasten Raketen ins Ziel.

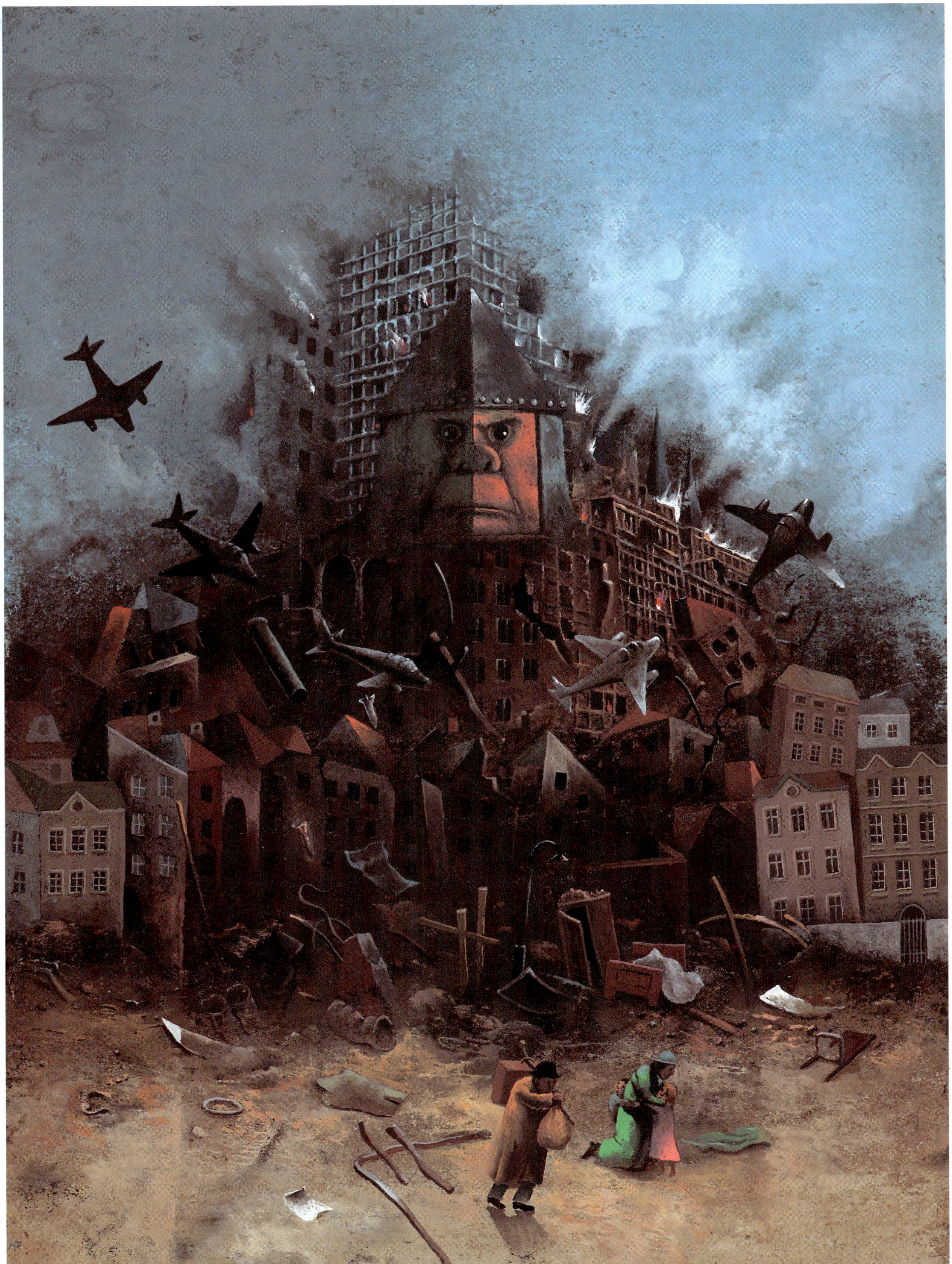

Immer toller gebärdete sich der Krieg.
Keiner war mehr vor ihm sicher,
auch die nicht,
die zu Hause blieben:
die Frauen mit ihren kleinen Kindern
und die alten Leute.

Und weil die Mächtigen nicht aufhörten,
den Krieg moderner zu machen
und jeder den anderen
zu übertreffen suchte,
wurden immer noch schnellere Flugzeuge
und immer noch wirkungsstärkere
Bomben und Raketen erfunden.

Dem Krieg gefiel das sehr.

Er gab sich hin dem großen Rennen.
Doch wo war das Ziel?

Bomben hatte er genug,
die ganze schöne Erdkugel
zu vergiften
und zu zertrümmern.

Ein Rausch stieg in ihm auf,
eine ungeheuerliche Lust lockte...

Doch wo
würde er selbst dann sein,
wenn die Erde
nicht mehr wäre?

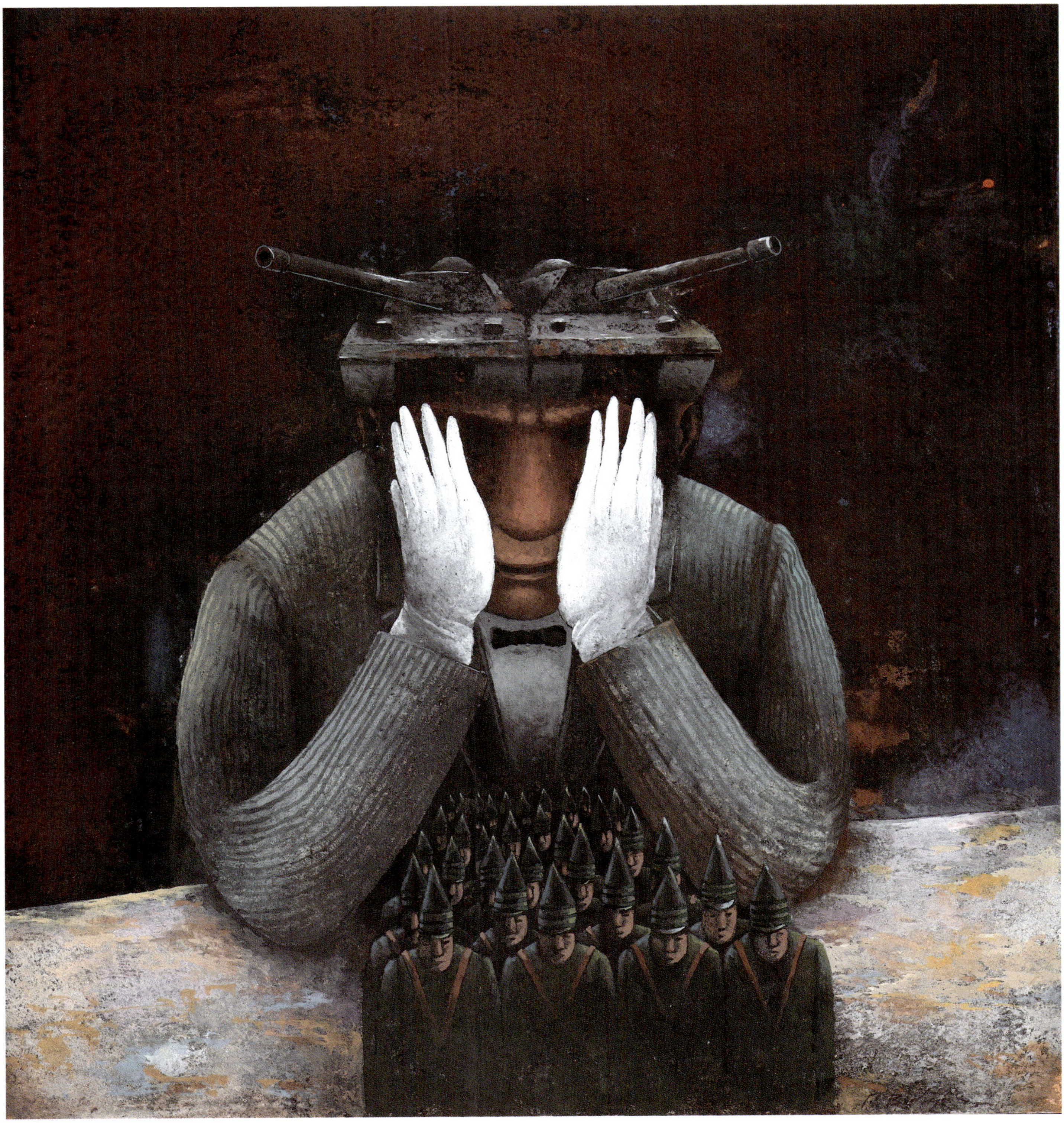

Nach Tausenden von Jahren
war der Krieg
es zum erstenmal leid,
daß er der Krieg war.

Er wäre gern
jemand anderer gewesen.
Und ihn durchfuhr der seltsame Gedanke,
er sei tatsächlich schon einmal
ein anderer gewesen.

Doch wer er gewesen,
dessen wußte er sich nicht zu erinnern,
so sehr er auch grübelte.

Er nahm Urlaub.
Ließ die Zeituhr rückwärts laufen,
ließ die Raketen,
die Bomben,
die Kampfflugzeuge,
die Panzer,
die Maschinengewehre,
die Motoren
hinter sich.

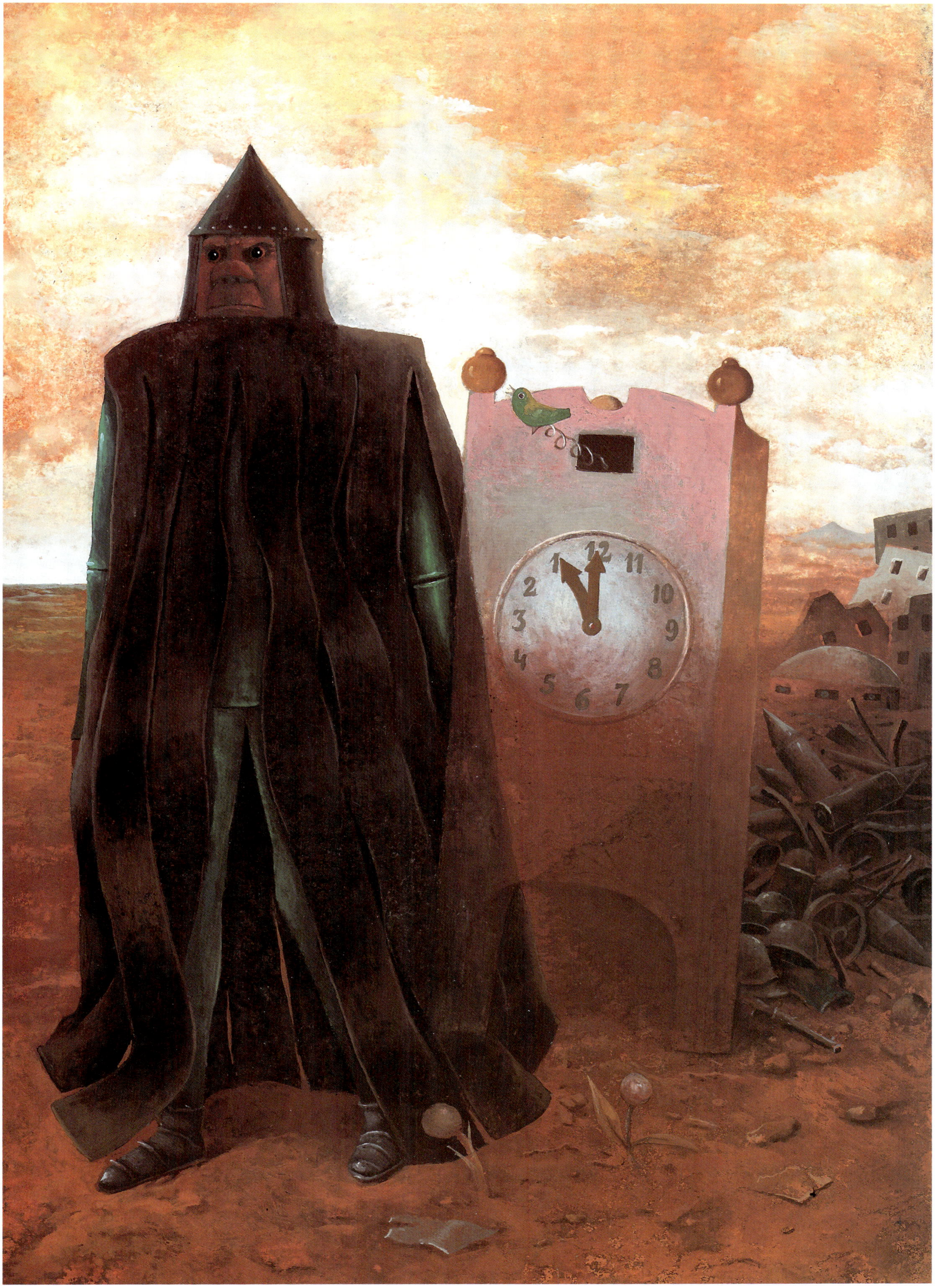

Ritt wieder auf einem Pferd
durch die Jahrhunderte,
belagerte Städte und Burgen
mit Steinwerfern,
trug Schild und Speer,
Schwert und Harnisch.

Und als er Jahrtausende durcheilt hatte,
und nirgendwo Waffenfabriken waren,
auch nicht die kleinste Schmiede,
und Eisen und Stahl noch nicht erfunden,
da übte er,
mit Pfeil und Bogen zu schießen,
und den Steinwurf
aus der bloßen Hand.

Und immer wußte er noch nicht,
wer er eigentlich gewesen war,
bevor er der Krieg wurde.

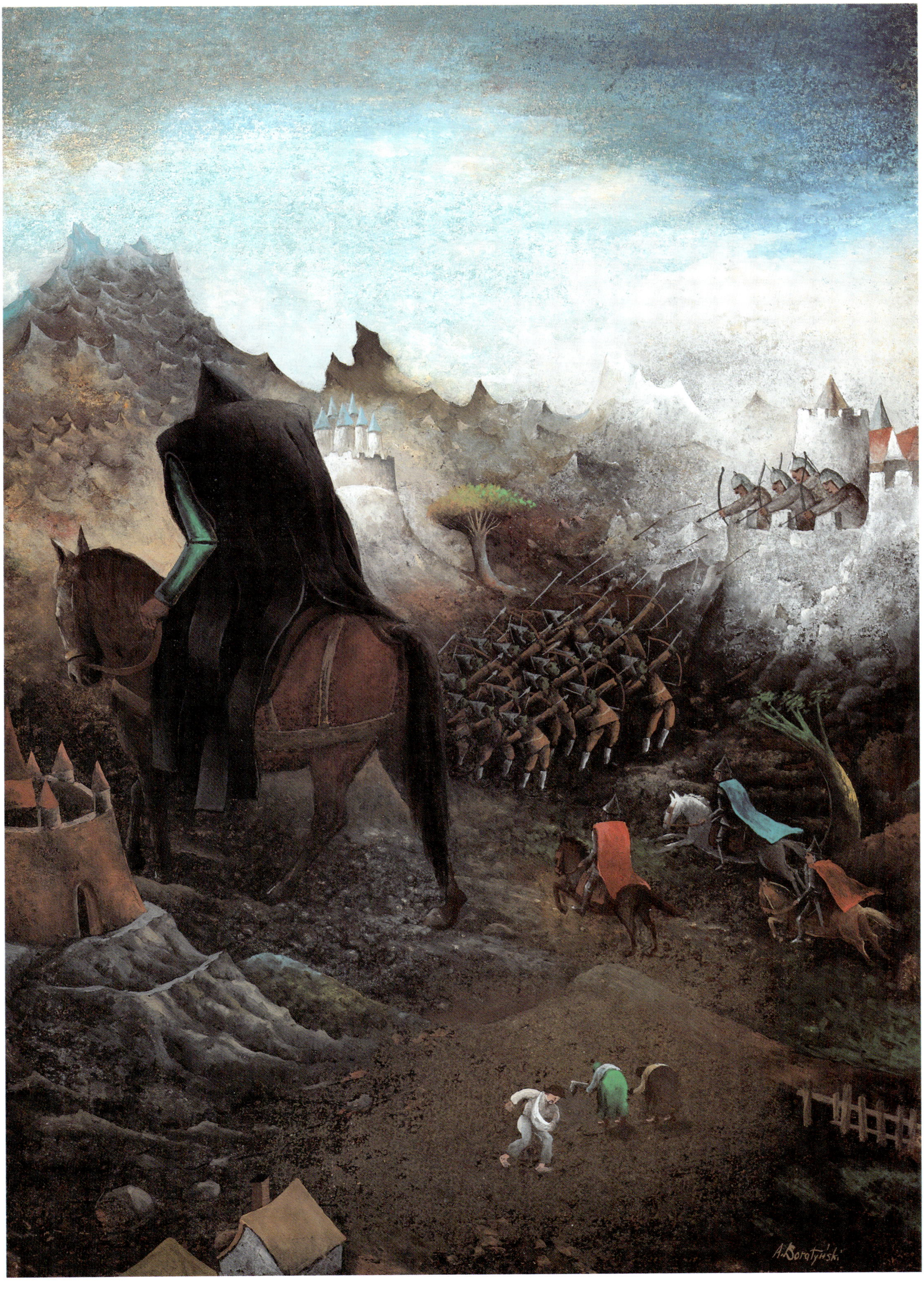
A. Dorotyński

Einmal schnitzte er
mit einem scharfen Feuerstein
eine Keule
aus einem harten Stück Astholz.
Und als er von der Arbeit aufsah,
bemerkte er in einiger Entfernung
einen Mann,
der ihn zu beobachten schien.

Der Krieg hatte sich noch nie
vor jemandem gefürchtet.
Doch jetzt durchfuhr ihn ein heißer Schauer
und war der Angst sehr ähnlich.

Wer bist du? rief der Krieg.

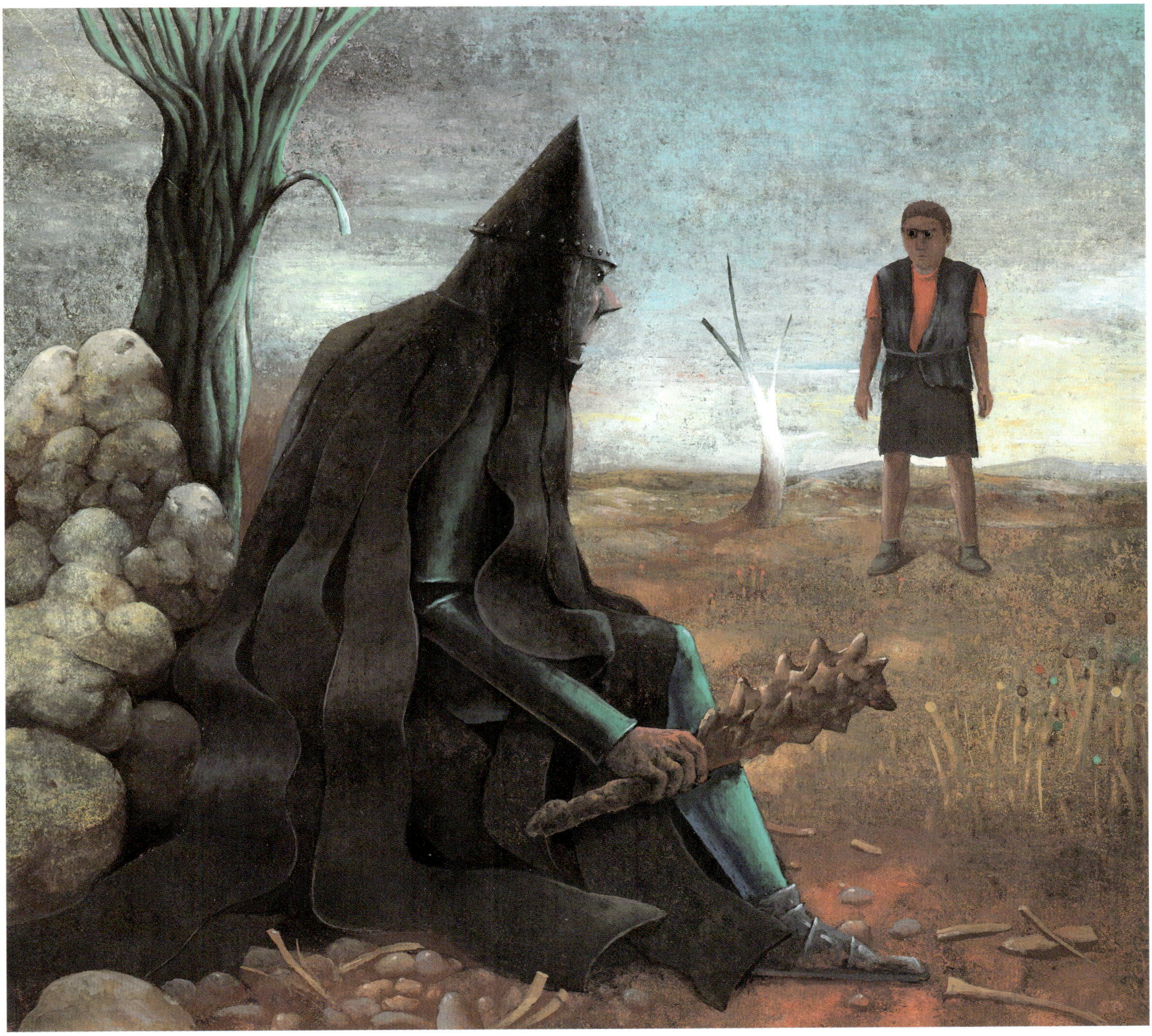

Der Fremde antwortete nicht.
Doch kam er näher.

Wer bist du? rief der Krieg wieder.

Wer bist du?
rief der Fremde zurück.

Wie bloßer Widerhall klang es,
und der Krieg erschrak vor der Stimme.

Er ließ Stein und Keule fallen
und stand auf
mit schwankenden Knien.

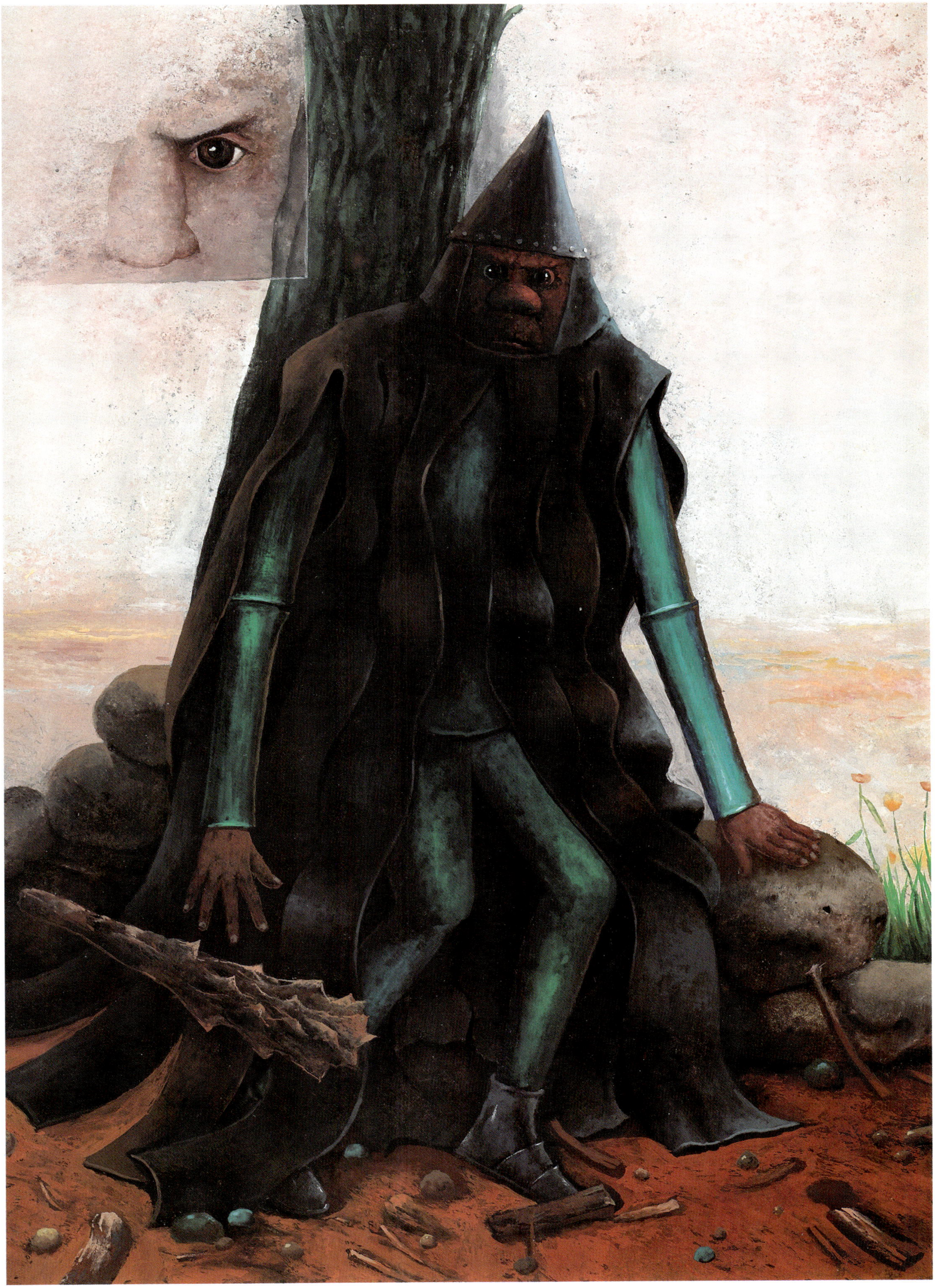

Der Fremde
war jetzt so nahe herangetreten,
daß einer den Atem des anderen
spürte.

Wer bist du?
fragte der Krieg zum drittenmal.

Der du warst!
antwortete der andere.

Und der Name?
fragte leise der Krieg,
ich erinnere den Namen nicht.

Doch der andere schwieg.

Sie gingen über die Heide,
der eine neben dem andern,
und nicht ein Wort kam über ihre Lippen.

Nebel hing in der Luft,
rührte Gräser an
und Blumen,
und als er sich hob,

lag da ein Mensch,
und sein Blut
hatte die Erde
und das Gras
und die Blumen
rot gefärbt.

Abel! Mein Bruder!
schrie der Krieg.
Er fiel in die Knie,
war nicht länger der Krieg,
war, der er war,
war Bruder,
war Kain,
war sich nicht mehr fremd.

Tränen,
in Jahrtausenden ungeweint,
fielen wie Regen
und wuschen alles Blutige weg.

Und Bruder Abel stand auf.

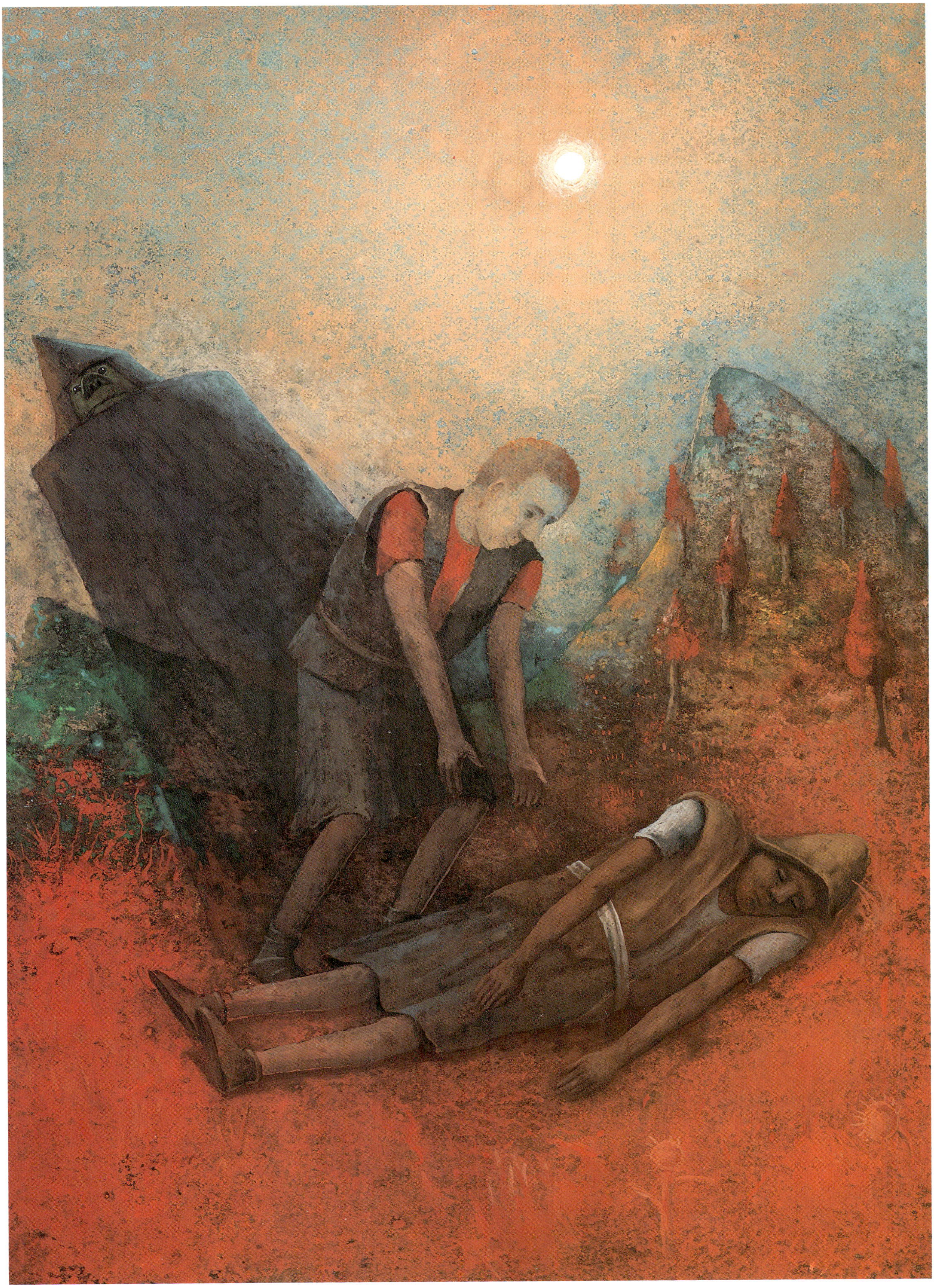

Sie trugen trockenes Reisig zusammen,
schichteten Astholz darüber
und zündeten ein Feuer an.

Sie sammelten Körner
und allerlei süße Früchte,
bereiteten am Rande der Glut
ein Mahl und aßen miteinander.

Und Kain erzählte,
was er bei den Mächtigen in der Welt
erlebt hatte.

Darauf sagte Abel:
Damals, als alles anfing,
stand jeder allein an seinem Feuer.
Hätten wir gemeinsam geopfert,
Kain, mein Bruder,
du hättest mich gewiß nicht erschlagen.
So wäre auch alles,
was danach geschah,
nicht geschehen in der Welt.

Deshalb will ich zu den Mächtigen gehen
und sie bitten,
einander beizustehen,
anstatt zu zerstören
und zu töten.

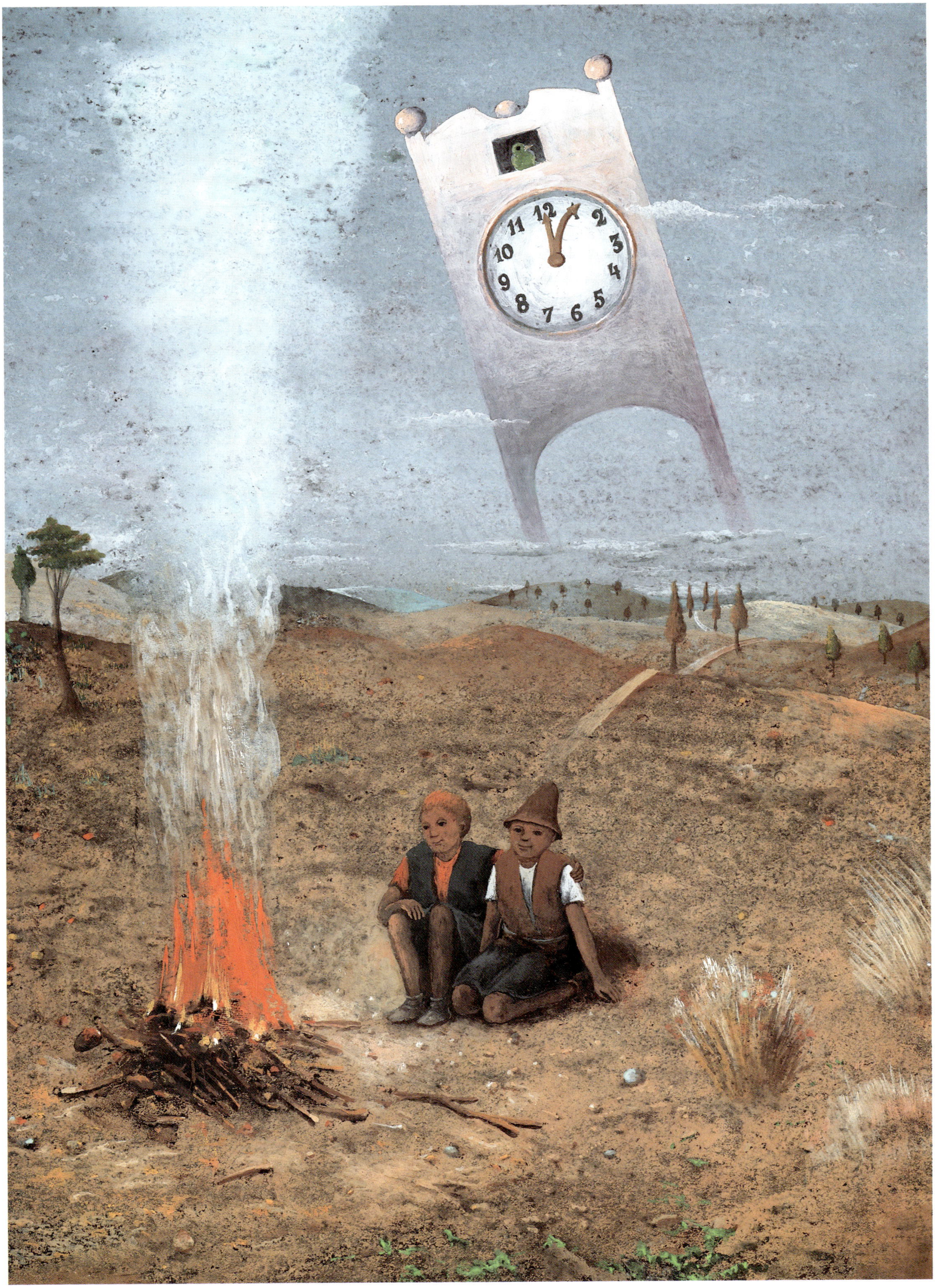

Lange Zeit
hatten die Mächtigen
auf die Rückkehr des Krieges
gewartet.
Schließlich meinten sie,
der Alte müsse nun doch wohl
gestorben sein.

Sie wollten ihm die letzte Ehre erweisen
und bestellten einen gewaltigen Sarg,
tausend Mann lang
und dreihundertfünfundsiebzig Mann hoch
und ganz aus Stahl,
und sie stellten ihn
mitten auf den großen Truppenübungsplatz.

Sie füllten den Sarg
mit all den Sachen,
die dem Krieg die liebsten gewesen waren:
mit Panzern
und Kampfflugzeugen
und Kanonen
und Raketen
und Maschinengewehren,
mit den prächtigsten Uniformen,
mit allerlei Orden und Ehrenzeichen,
und alles fein verschrottet,
damit viel hineinging.

Aus allen Ländern
schickten sie Waffen.
Und der Sarg sank wegen seines Gewichts
tiefer und tiefer,
und sie füllten die Grube mit Schrott.

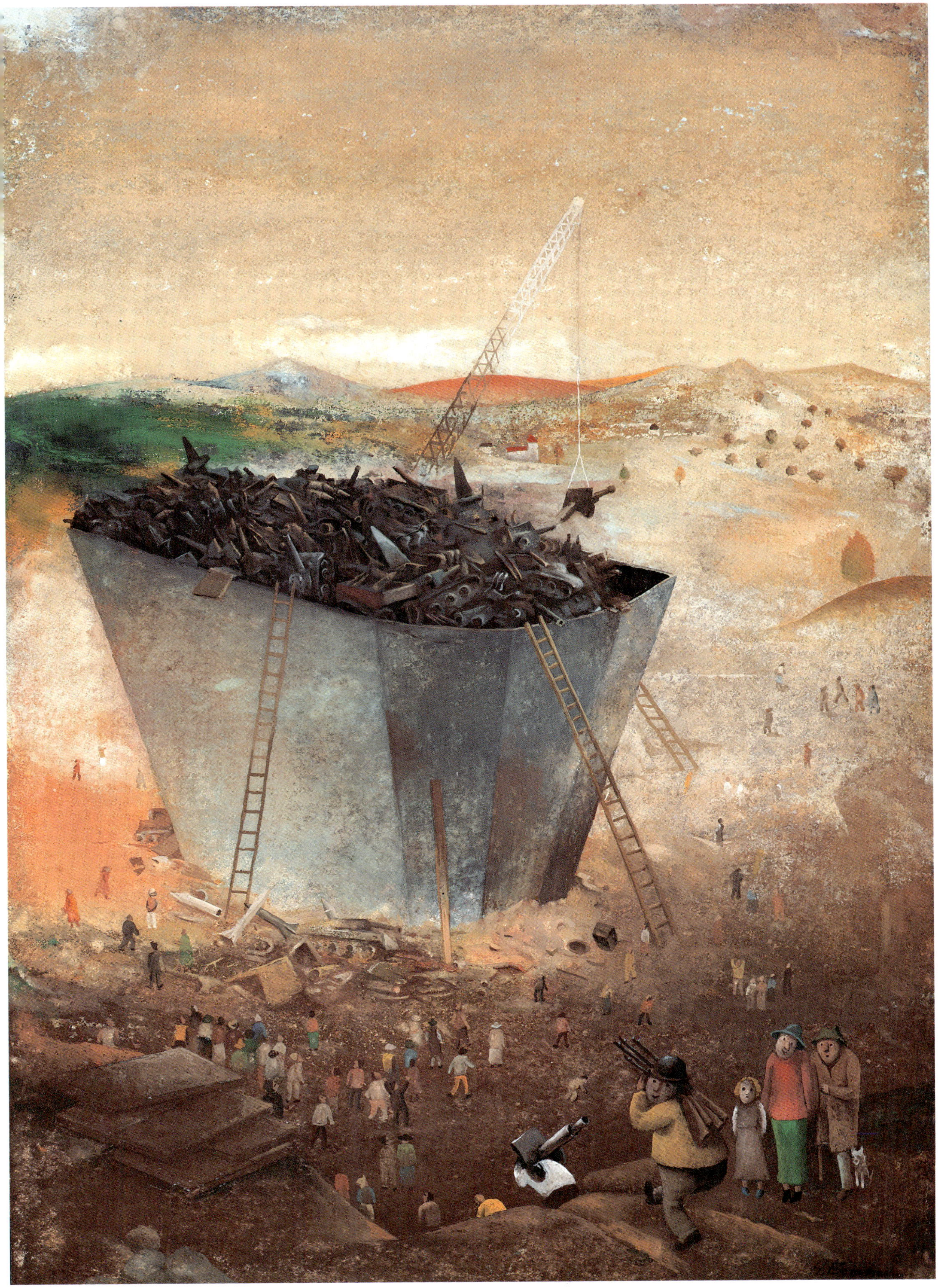

Dann begann der Trauerzug.
Vorne weg schritten die Mächtigen,
die das Regieren tun,
und die Generäle,
die Schlachtenpläne entwarfen,
und die Fabrikherren,
die Waffen herstellten und verkauften,
und alle schweigend
und Trauer auf den Gesichtern.

Nach ihnen das Volk,
und das war lustig.

Am Ende scharten sich die Menschen
um einen Mann,
der nannte sich Bruder,
der erzählte,
wie der Krieg erlöst wurde.

Der Krieg und sein Bruder
Irmela Wendt (Text). Antoni Boratynski (Bilder).
1. Auflage
Düsseldorf: Patmos-Verlag, 1991
ISBN 3-491-79056-5
NE: Wendt, Irmela; Boratynski, Antoni

© 1991 Patmos-Verlag, Düsseldorf
Alle Rechte vorbehalten
1.Auflage 1991
Satz: Typo Fröhlich, Düsseldorf
Reproduktion: Brockhaus, Wuppertal
Druck und Verarbeitung: Druckerei Rasch, Bramsche
ISBN 3-491-79056-5